첫 출근 전날, 잠이 안 올 때 읽는 책

신입사원 Andy 님에게
보내는 7장의 편지

첫 출근 전날, 잠이 안 올 때 읽는 책

신입사원 Andy 님에게 보내는 7장의 편지

초판 1쇄 발행 2023년 11월 13일

지은이 배성근
펴낸이 장길수
펴낸곳 지식과감성#
출판등록 제2012-000081호

교정 한장희
디자인 서혜인
편집 서혜인, 김초롱
검수 주경민, 이현
마케팅 김윤길, 정은혜

주소 서울시 금천구 벚꽃로298 대륭포스트타워6차 1212호
전화 070-4651-3730~4
팩스 070-4325-7006
이메일 ksbookup@naver.com
홈페이지 www.knsbookup.com

ISBN 979-11-392-1431-4(03810)
값 16,700원

지식과감성#
홈페이지 바로가기

첫 출근 전날, 잠이 안 올 때 읽는 책

배성근 지음

신입사원 Andy 님에게 보내는 7장의 편지

지식과감성#

서문

– 왜 쓰는가?

현재 글로벌 반도체회사에서 4년 차 비즈니스 매니저로 일을 하고 있습니다. 저 또한 항상 "사회생활, 직장생활"에 대해서 고민을 하였습니다. 그럴 때마다 여러 책들과 멘토분들을 만나면서 어려움을 해결해 나갔습니다. 이런 경험들과 배운 점들은 아마 저보다 몇 년 뒤에 들어올 친구들에게 가장 최신의 정보가 되지 않을까 싶습니다. 이런 배움을 글로 모아서 책을 내게 되었습니다.

- 누구를 위한 책인가?

이 책이 사회생활을 이제 처음 시작하는 분들에게 조금이나마 도움이 되면 좋겠습니다. 주변에 친구들을 보면 각자의 꿈과 방향을 가지고 회사에서 일을 하고 있습니다. 나이를 떠나 각자의 위치에서 리더십을 발휘하고 팀과 회사에 크고 작은 영향력을 주고 있습니다. 그리고 시간이 더욱 지날수록 그런 영향력들은 커져 갈 것입니다. 그 과정에서 이 책이 조금이나마 인사이트를 주면 좋겠습니다.

– 추천사

내가 신입사원일 때 이 책이 있었다면, 두려움보단 설렘이 있었을지 모르겠다. 지금도 겉모습만 경력직인, 마음속 신입사원들에게 과감히 이 책을 추천해 본다. 작게는 사회생활을, 크게는 세상을 대하는 관점이 달라지는 계기가 되는 듯하다.

- 김수○ (현대자동차 4년차 연구원)

신입이라면 누구나 한 번쯤 떠오르는 고민을 정석적이면서도 구체적인 사례를 통해 해결해 주는 책이다. 저자의 이야기는 신입이라면 누구나 공감할 수 있을 뿐만 아니라, 이를 바탕으로 쉽게 적용해 보고 새로운 시각을 가질 수 있게 해 준다.

- 김종○ (삼성전자 DS사업부 4년차 연구원)

작가가 긍정적으로 새로운 길에 도전하는 것을 10년 넘게 봐 오면서 많이 자극받고 배웠습니다. 이 책으로 독자분들도 저와 같이 자극받길 기대합니다.

- 김태○ (쿠팡 5년차 소프트웨어 엔지니어)

– 감사한 분들

우선, 이 책 첫 편지의 주인공이자 제 첫 멘티인 Frank에게 고마움을 전하고 싶습니다. 그리고 지금 첫 사회생활을 고군분투하면서 잘 성장하고 있는 Lily에게도 고마움을 전하고 싶습니다. 이 두 친구에게 해 주고 싶었던 메시지들을 정리하고 모으다 보니 책까지 출판할 수 있었네요. 그리고 저에게 좋은 회사 생활 모습을 보여 주신 회사 동료분들에게도 감사함을 전하고 싶습니다. 그분들에게 여러 배움을 얻었고 지금도 얻고 있습니다. 그리고 이 책을 내는 과정에서 많은 도움을 준 태오, 종혁, 수남이에게 고마움을 전하고 싶습니다. 마지막으로, 지혜롭고 건강한 삶을 살 수 있도록 책과 운동을 습관화해 주신 어머니 아버지에게 감사함을 전합니다. 감사합니다.

목차

안녕하세요, Andy 님

우선 회사 입사를 진심으로 축하드립니다. 모든 게 처음이라 설렘, 호기심, 두려움 등 여러 감정과 생각이 들 것 같네요. 저 또한 그랬고 모든 사회생활을 처음 하는 사람들과 동일한 감정일 것입니다. 이 회사에 있으면서 학교에서는 하지 못했던 여러 경험들을 앞으로 하실 것 같아요. 저도 5년이라는 시간 동안 경험하면서 똑같은 경험을 Frame(생각의 관점)을 바꿔 보니 유연하고 저한테 도움이 되는 경험으로 바뀌었던 일들이 많았던 것 같아요.

Andy 님께서도 처음으로 다가오는 경험들을 조금 더 유연하고 현명하게 받아들이면 좋을 것 같아서 몇 가지 선배분들에게 여쭙고 제가 같이 경험한 이야기를 들려드릴까 합니다. 이야기를 듣고 한 가지라도 공감하시고 가져가셨으면 좋겠네요.

회사를 위해 일을 하지만, 반대로 회사를 활용해서 발전하시는 "이기적인 신입사원"이 되시면 좋겠습니다. 그리고 마지막으로 Andy 님 이 책에 있는 경험들을 배우고 적용한다면, 시간이 흐르고 이 경험들을 통해서 지금 있는 곳 또는 다른 곳에서 좋은 리더 또는 전문가가 되어 있을 것입니다.

감사합니다.

어떤 프레임으로
세상을 접근하느냐에 따라
우리가 삶으로부터 얻어 내는 결과물들은
결정적으로 달라진다.

우리가 프레임을 알아야 하는 이유가
바로 여기에 있다.

- 최인철, 《프레임》

1

사회생활을 시작하면 마주하는 "두려움", 어떻게 극복할까요?

1화

안녕하세요. Andy 님.

오늘 하루 잘 보내셨나요?

아마 아직 오신지 얼마 안 돼서 하루에 받고 계시는 메일이라든지 다른 동료들이 요청하는 게 많이 없을 것 같네요. 지금을 즐기세요. 곧 Andy 님을 많은 분들이 찾고 도움을 요청하실 겁니다.

오늘 이야기할 내용은 "두려움"에 대한 이야기입니다. 두려움은 제가 처음 회사에 일을 하면서 느꼈던 감정 중에서 가장 저를 힘들게 했던 감정입니다. 그리고 시간을 되돌려서 신입사원이었던 저에게 가장 도움 주고 싶었던 감정입니다.

저는 여러 두려움이 있었습니다. 일에 대한 경험이 없기 때문에 실수할 것에 대한 두려움, 아직 내가 알지 모르는 사람에 대한 두려움, 나에 대한 신뢰가 나 또한 없기 때문에 생기는 두려움, 내가 가는 방향이 맞는지 모르기 때문에 생기는 두려움 등등이 있었습니다.

가장 처음 다른 나라 팀원들에게 도움 요청 메일을 쓸 때부터 여러 두려움을 갖고 있었습니다.

"팀원들이 보고 답을 안 하면 어떻게 하지?", "어떻게 하면 설득하지?", "이렇게 하는 게 맞나?"

그리고 협력업체 사람들을 만나서 같이 협업할 때도 두려움을 갖고 있었습니다.

"어리고 회사에서 아직 지식이 없는 나와 같이 일을 할까?", "무시하지 않을까?"

회사 내부에 경력이 많으신 동료분들에게 도움을 받거나 질문을 할 때도 두려움을 갖고 있었습니다.

"내가 질문하면 그분 일에 방해가 될 것 같은데…", "괜히 내가 너무 나서는 거 아닌가?", "실수하면 어떡하지?", "저분이 나한테 안 좋은 첫인상을 가지면 어떡하지?"

이런 다양한 두려움들이 있었습니다.

그런데 점점 시간이 지나고 경험하고 돌이켜 보니 그렇게 두려움을 느끼지 않아도 되었던 것들이 많았습니다. 아마 경험한 사람은 별거가 아니라고 생각할 텐데, 시간을 돌이켜도 동일한 두려움 감정을 느낄 것 같습니다.

그때, 저에게 크게 도움 되었던 생각 Frame(생각의 관점, 틀)에 대해서 두 가지 공유드리고자 합니다.

첫 번째는 [Design Thinking] 프레임입니다.

갑자기 뜬금없이 두려움이랑 디자인과 무슨 상관인가? 라고 당황하실 수 있을 것 같습니다. 디자이너가 생각하는 생각법을 "디자인 씽킹"이라고 많이들 부르곤 합니다.

디자이너분들이 하나의 제품 또는 작품을 만드는 과정의 핵심을 정리하자면 아래와 같습니다

Make It : 일단 만들어 보기

Learn from Failure : 실패를 통한 배움

Embrace Ambiguity : 모호성을 즐기기

Optimism : 낙관론의 나침반

Iterate : 반복적인 개선

여기서 핵심은 빠르게 만들어 보고 피드백을 받는 것입니다. 그리고 그 피드백을 반영해서 더 개선된 디자인 결과를 냅니다. 신제품을 디자인하는 것, 저희가 사회생활을 하는 것에는 공통점이 있습니다. 둘 다 “처음”이라는 것입니다. 그 처음을 받아들이는 것에 대해서 “정답”은 없습니다.

제가 생각하였을 때 저희가 할 수 있는 것은 최선은 “빠르게 만들어 보고 피드백을 받아서 개선하는 방법”이라고 생각했습니다. 그래서 회사에서 어떤 일이 주어지면 미숙하더라도 눈 딱 감고 시도를 해 보았습니다. 알지도 못하는 미국 팀원에게 도움이 필요하면, 눈 딱 감고 메일을 써 봤습니다. 잘 모르는 경력 많은 선배에게 도움이 필요하면, 인사하고 정중하게 도움 요청해 보았습니다. 협력사 분들에게 제안드릴 때도 내가 아는 선에서 자신감 있게 제안해 보았습니다.

다만, 이렇게 다 시도해 보면 피드백이 다양합니다. 물론 "잘했다, 좋은 시도였다."라는 피드백도 많습니다. 하지만 저에게 다시 두려움 감정을 만들게 하는 피드백은 아래와 같은 피드백입니다.

"이 사람한테 요청하면 안 됩니다.", "이런 방법으로 하면 일하기 어렵습니다.", "아직 내용이 너무 부족합니다.", "잘 모르는 게 많은데 준비가 덜 되었습니다."

사람에 따라 거칠게 피드백을 주는 사람도 많습니다. 왜냐하면 잘 몰랐던 저의 시도들이 다른 동료들에게는 평소 루틴인 일에 방해가 되는 경우가 있기 때문입니다.

이럴 때는 "빠르게 만들어 보고 피드백을 받아서 반영해서 더 개선된 결과", 디자인 씽킹 프레임에 따라서 피드백 중에서 좋은 피드백과 거친 피드백을 듣고 도움이 되는 부분을 반영해서 더 나은 내일의 나를 만들어 가는 것입니다. 말은 쉽죠., 참. 막상 거친 피드백을 받았을 때의 나의 감정을 돌이켜 보면, 참 쉽지 않았습니다. 그럴 때마다 좀 더 멀리 보고 피드백을 기록했던 점이 도움이 되었던 것 같습니다. 한 번에 되진 않을 거예요. 여러 번 하면서 조금씩 성장하는 Andy 님이 되셨으면 좋겠네요.

● ● ● 두 번째는 [대학원] 프레임입니다.

대학원? 이건 또 무슨 말이지?

쉽게 말하면, 여러분들이 회사에 입사했지만, 2년 후에 졸업하는 "석사"를 한다고 생각의 관점을 바꾸는 것입니다. "이게 무슨 뚱딴지같은 소리야…."라고 하실 텐데, 여러분들이 아주 조금만… 한 6개월만 더 다니시면 아래와 같은 두 가지 마음이 문득문득 생길 것입니다.

"퇴사하고 싶다.", "이직하고 싶다." 그 배경에는 회사에서 느끼는 여러 가지의 두려움과 압박감 때문에 받는 스트레스가 가장 클 것입니다. 사람으로 받는 스트레스, 일로 받는 스트레스, 여러 원인으로 스트레스를 받을 겁니다. 프로젝트를 하면서, 일을 하면서 얻는 성취감과 성장하는 느낌도 물론 받습니다. 하지만 스트레스가 없는 성장은 없는 것처럼 힘듦도 느낄 것입니다. 그런데 이럴 때 생각의 관점을 바꿔 보면 어떨까요? 여러분은 무조건 2년 후에 이곳을 떠나야 합니다. 마치 대학원 석사과정을 하러 온 [대학원] Frame으로 생각하는 것입니다. 2년 후 Andy 님이 무엇을 할지는 모르겠습니다. 다시 다른 회사에 갈 수도 있고, 개인이 하고 싶은 비즈니스를 할 수도 있겠죠. 여기가 마음에 들면 더 시간을 보내는 박사를 신청할 수도 있겠죠. 그런데 2년이라는 시간의 한계를 정하고 나면, 또 다른 생각이 들게 됩니다. 여러분들이 두려움을 느꼈던 모든 원인들은 2년 후에는 사실 큰 의미가 없어진다는 것입니다. 그리고 2년 동안 이곳에서 "내가 무엇을 가져갈 수 있을까?"라는 생각도 들게 됩니다. 그럼 "두려움"에 초점을 맞추기보다는 이 과정 속에서 내가 무엇을 "얻을 수 있을까"에 집중하게 될 것입니다. 여러 동료들과 프로젝트를 하면서 실수와 거친 피드백에 대한 "두려움"을 느낄 것입니다. 하지만 그 과정에서 팀 리딩 능력을 얻고 성장하게 될 것입니다. 저 또한 저보다 더 지식이 많고 경험이 많은 사람에게 회사 기술에 대해서 설명을 할 때 두려움을 느꼈습니다. 하지만, 처음에는 무시를 받는 것에 대한 두려웠던 경험이, 시간이 지나면 자신감으로 성장하였습니다.

조금 더 사고를 확장해서 Andy 님께서 언제가 될지는 모르지만 지금 회사와 연관된 개인적인 비즈니스를 나중에 한다고 생각하면 [대학원] 프레임이 더욱 중요해집니다. 예를 들어 Andy 님께서 2년 후에 커피숍을 차리는 꿈을 가지고 있습니다. 그런데 지금 주변에서 잘나가는 커피숍에서 잠시 2년 파트타임 직업을 가졌다고 생각하시면 어떨까요. 2년 후에 직접 내 가게를 차리면 적용해야 하는 기계, 사람, 협력 업체정보들은 아마 소중한 사람들이자 자원일 것입니다. 그럼 "두려움"에 초점을 맞추기보다는 이 과정 속에서 내가 무엇을 "얻을 수 있을까"에 집중하게 될 것입니다. 같이 일하는 동료가 나중에는 구매자가 될 수가 있고, 미래의 동업자가 될 수도 있고, 고객이 될 수도 있습니다. 그리고 비즈니스를 할 때 중요한 사람일 수도 있습니다.

저도 어느새 지금 이 회사를 다닌 지 시간으로는 3년 절반이 되었습니다. 교육 기간을 제외하면 3년 정도로 보는 게 맞겠네요. 저는 스스로 MBA를 돈 받고 다니고 있다고 생각하고 있답니다. 회수로는 박사과정 초입인데 저도 항상 고민하고 있답니다. 저 또한 매일매일 눈앞에 있는 급한 이슈들을 챙기다 보면 제가 무슨 일을 하는지 모를 때가 종종 있습니다. 요즘 개발이슈로 미국팀과 매일 밤마다 미팅을 하는데 문득 어머니께서 이런 말씀을 하시더군요.

"너 예전에 전화 영어 돈 주고 매일 했는데, 지금은 매일 공짜로 전화 영어 하네, 얼마나 좋아."

다시 한번 저에게 [대학원] 프레임을 일깨워 주었던 말이었습니다. 제가 Andy 님에게 전하는 [대학원] 프레임은 Andy 님에게 해 주는 말이기도 하지만 요즘 저에게도 항상 되새기는 Frame 중에 하나인 것 같습니다.

다시 본론으로 돌아가, 지금 느끼고 막막하게 생각하시는 "두려움"에 대해서 조금 더 멀리 생각하는 두 가지 프레임이 도움이 되었으면 좋겠습니다.

감사합니다.

두려움을 극복하기 위해서 같이 읽어 보면 좋을 만한 추천 도서

- "프레임, 최인철" - 프레임을 통해 생각과 인식을 조절하고 세상을 다르게 보는 방법을 제시합니다.
- "생각이 너무 많은 서른살에게, 김은주" - 과도한 생각과 고민을 극복하며 더 나은 삶을 찾아가는 방법을 제시합니다.
- "죽음의 수용소에서, 빅터 프랭클" - 아우슈비츠 수용소에서의 경험을 통해 인간의 내면 갈등과 희망의 의미를 다루고 있습니다.
- "Grow, 캔 블랜차드" - 성장과 발전을 위한 전략과 도구를 제시하여 더 나은 자신과 조직을 만드는 방법을 소개합니다.
- "빠르게 실패하기, 존 크럼볼츠, 라이언 바비노" - 실패를 통해 성공을 이루기 위한 접근 방식을 다룹니다.
- "사장학개론, 김승호" - 사장이 되기 위한 비즈니스 전략과 경영 원리를 제시하며 경영 지식을 제공합니다.

가장 소름끼치는 불신은
바로 자기 안에 있는 불신이다.

- 토마스 카라일, 《과거와 현재》 저자

2

더 나은 관계를 만들려면 어떻게 할까요?

2화

안녕하세요. Andy 님.

저는 미국 출장에 와서 미국, 유럽, 일본, 중국, 대만, 한국 등 다양한 문화를 가진 친구들과 이야기를 할 수 있었습니다. 이야기하다 보니 모든 친구들이 "인간관계"라는 것에 대해서 고민하고 있더군요. Andy 님 또한 회사 생활 하면서 "일"보다 "사람"으로부터 행복감도 느낄 것입니다. 반대로 스트레스도 다른 "사람"으로부터 많이 받으실 거예요. 저 또한 그러면서 사람들과의 관계에서 가장 핵심은 무엇인지에 대해서 고민과 생각하게 되었습니다.

잠시 시간을 갖고 생각해 보세요. Andy 님 주변에 있는 사람들 중에서 가장 가깝고 좋은 관계를 맺고 있는 사람이 누구인지 떠올려 보세요. 그 사람들을 생각하면, 아마도 "믿을 수 있는 사람"이라는 문구가 가장 먼저 들 것입니다. 이처럼 좋은 인간관계라는 말 이면에, 뿌리에는 "신뢰"라는 것이 있습니다. 그래서 여러분들이 "좋은 인간관계를 가진 사람"을 다른 말로도 표현할 수 있습니다. 바로 "신뢰 있는 사람"이 되는 것입니다. 좋은 인간관계란 서로에 대해서 좋은 신뢰를 주고받는 관계인 것입니다. 여러분께서 좋은 신뢰 관계를 만들어 놓았다면, 업무를 하실 때 어려운 일들도 빠르고 쉽게 할 수도 있게 되실 겁니다.

이와 관련된 하나 일화를 소개해 드릴게요.

월마트로부터 맥레인 유통(230억 달러 규모의 회사)을 인수한 버크셔 해서웨이의 CEO 워런 버핏의 일화를 살펴보겠습니다. 버크셔 해서웨이와 월마트는 공개기업이기 때문에 온갖 종류의 검사와 감독을 받아야 합니다. 일반적으로 이 정도 규모의 합병에는 여러 달이 걸리고 모든 자료를 검증 및 확인하기 위해 수백만 달러를 지불해 가며 회계사, 감독관, 변호사를 동원합니다. 하지만 월마트와 버크셔 해서웨이는 모두 높은 신뢰를 바탕으로 인수합병을 추진했던 터라 단 한 번의 미팅과 악수로 협상이 이뤄졌습니다. 인수 작업을 시작한 지 한 달도 되지 않아 인수합병 계약서에 사인한 것입니다. 워런 버핏은 2004년 연례보고서에 첨부된 경영자 편지에서 이렇게 말했습니다.

“우리는 실사(due diligence)를 하지 않았습니다. 우리는 모든 것이 월마트에서 말한 그대로 될 것이라 생각했고 실제로 그렇게 되었습니다.”

일반적으로 기업 간의 합병은 보통 6개월이나 1년이 걸리는 힘든 과정입니다. 하지만, 회사 대표 간의 신뢰 그리고 기업 간의 신뢰를 바탕으로 한 달 만에 이루어졌습니다. 시간과 비용 모두 감축할 수 있었어요.

저 또한 회사에서 일을 할 때, 똑같은 이슈가 생겨도 협력업체 개발 담당자와 저의 신뢰 관계에 따라서 업무 처리 속도가 달라집니다. 좋은 신뢰 관계를 맺고 있는 사람의 경우 저 또한 그분의 업무에 대해서 신뢰합니다. 그분 또한 저의 업무 내용에 대해서 신뢰를 하기 때문에 믿고 다음 단계로 바로 진행할 수 있습니다. 하지만 아직 신뢰 관계가 구축되지 않은 협력업체 담당자의 경우는 다릅니다. 서로 아직 신뢰하지 못하기 때문에 서로 시간을 할애해서 더블 체크를 하고 다음 단계로 넘어갑니다.

그럼 어떻게 하면 신뢰를 형성할 수 있을까요? 저는 두 가지 방법을 제안하고 드리고 싶습니다.

첫 번째, 자기 자신을 신뢰하여야 합니다.

스스로 질문을 해 보면 좋겠어요. "나는 나 자신을 얼마만큼 신뢰하나요?" 이번 연도, 이번 달, 오늘 Andy 님께서 하고자 했던 약속을 잘 지키고 있나요?

저 또한 이번 연도 저와 했던 건강, 가족, 커리어 약속들을 지키기 위해 노력하고 신뢰를 만들어 가고 있습니다. 어렵더군요. 저 스스로에게도 항상 물어봅니다. 과연 나 자신을 믿지 못하는데, 다른 사람들은 어떻게 당신을 믿을 수 있을까요? 스티븐 M. R. 코비의 책, 《신뢰의 속도》에서는 자기 신뢰의 첫걸음을 아래와 같이 말합니다. "나 자신과의 약속 중에서 작은 약속부터 꾸준하게 지켜 나가서 점점 자기 자신과의 신뢰를 향상시켜 나가 보세요."

● ● ● 두 번째, 다른 사람을 먼저 신뢰하세요.

나 자신을 신뢰하는 것도 어렵지만, 다른 사람을 진심으로 신뢰하는 것 또한 정말 어렵습니다. 만약 팀을 이끄는 리더라면 팀원을 믿어 주고, 부모라면 자식을 믿어 준다면 그들은 그 믿음에 보답을 할 것입니다. 물론 신뢰감이 한 번에 형성되지 않는 사람도 있습니다. 하지만, 그것은 아직 신뢰를 형성하기 위한 시간이 불충분하였기 때문입니다.

존 맥스웰과 짐 도넌은 자신들의 저서 《영향력》에서 "믿는다(BELIEVE)"라는 단어의 철자를 이용하여 다른 사람을 신뢰하는 일곱 가지 방법을 제시하고 있습니다.

Believe : 상대방이 성공하기 전에 믿어라

Emphasize : 장점을 강조하라

List : 과거의 성공을 상기시켜라

Instill : 실패할 때 자신감을 불어넣어라

Experience : 성공을 경험하게 하라

Visualize : 미래의 성공을 상상하라

Expect : 더 높은 수준의 삶을 기대하라

이 일곱 가지 방법을 통해서 다른 사람들을 신뢰해 보면 어떨까요?

인간관계는 마치 복잡해 보이는 나무의 잎과 가지와 같습니다. 하지만 그 근원인 뿌리를 자세히 보면 "신뢰"라는 감정이 있습니다. 이 메시지를 저는 오늘 전해 드리고 싶었습니다.

인간관계에서 제일 중요한 것은 신뢰이다. 좋은 인간관계를 하기 위해서는 나를 신뢰하고 남을 신뢰하는 사람이 되어야 한다.

감사합니다.

더 나은 관계를 만들 때 도움 될 만한 추천 도서

- "나를 믿고 일한다는 것, 우미영" - 자신을 믿고 목표를 향해 열정적으로 나아가는 태도의 중요성을 강조합니다.
- "미들맨의 시대, 마리나 크라코프스키" - 사회 내에 중간 역할을 하는 사람들의 가치와 역할에 대한 인식을 다룹니다.
- "지혜의 심리학, 김경일" - 심리학적 지식을 통해 삶과 관계의 의미와 행복을 찾는 방법을 제시합니다.
- "뇌과학으로 경영하라, 김경덕" - 뇌과학의 원리를 비즈니스와 리더십에 적용하여 조직을 효과적으로 경영하라는 메시지를 전달합니다.
- "신뢰의 속도, 스티븐 M. R. 코비" - 신뢰의 중요성을 강조하며 신뢰를 구축하고 유지하는 방법을 다루는 책입니다.
- "거인의 리더십, 신수정" - 우수한 리더가 되기 위한 원칙과 가치를 강조하며 리더십의 중요성을 다루는 메시지를 전달합니다.

그 누구도 온전히 자기 자신이 되어 본 적이 없건만,
누구나 자기 자신이 되려고 애쓴다. (…)
어떤 이들은 결코 인간이 되지 못하고 개구리나 도마뱀이나
개미로 남아 있다. 어떤 이들은 상체는 인간인데
하체는 물고기다. 하지만 누구나 인간이 되라고 던진
자연의 내던짐이다.

- 헤르만 헤세, 《데미안》

3

내가 느린 건가요?
뒤처진 건가요?

3화

안녕하세요. Andy 님.

오늘도 하루 잘 보내셨나요? 아마 바쁘게 하루 보냈을 것 같네요. 저는 지금 샌프란시스코에서 자전거 여행을 막 마치고 숙소에서 쉬고 있어요.

오늘은 "느림, 뒤처짐"에 대해서 이야기해 볼까 해요. 이제 막 일을 하다 보면 나보다 잘하고 적응을 빠르게 하는 친구들이 조금씩 보일 거예요. 그러면서 문득, "나는 이 일이 안 맞는 건가? 내가 잘하지 못하는 것을 선택했나?"라는 생각이 들 거예요. 조급함과 걱정이 살살 들 거예요.

사실 여러분이 태어나서 유치원을 들어가고 초등학교를 들어가고 여러 사람이 모인 공간에서는 "상대적"인 비교가 보일 수밖에 없습니다. 저 또한 사회생활 처음 하고 1~2년 차에 그런 생각이 많이 들었어요. 저랑 같이 입사한 친구들을 보면, 회사 생활도 잘 적응하고 일도 잘 처리하고 사람들하고도 잘 지내는 것 같더라구요. 그런데 전 아직도 일 처리에서 실수도 많고 사람들하고도 관계도 어렵더라구요. 사실 이런 경험은 처음이 아니었어요. 학창 시절에도 같은 반, 같은 학년 친구들하고 저도 모르게 스스로를 비교하게 되더라구요.

그런데 저는 어렸을 때 깨달은 것 중 하나가 그런 조급한 마음이 들수록 더 잘하지 못한다는 것이었어요. 급급한 마음과 불안한 마음 때문에 저 자신에 대한 자신감도 없어지구요. 그럴 때일수록 저는 제가 잘하는 것이 무엇인지 잘하지 못하는 게 무엇인지 생각하려고 했던 것 같아요. 잘하지 못하는 것은 인정하고 잘하는 것에 조금 더 집중하려고 했어요. 스스로 더 잘할 수 있도록 칭찬도 해 주고요.

●●● 첫 번째, 자신만의 페이스로 달리기

가장 크게 깨달았던 때는, 첫 마라톤 대회에 참가했을 때였어요.

42.195km를 뛰어야 하는 장거리 달리기였습니다. 저는 빠르게 뛰지는 못해서 초반에 다른 참가자들이 저를 쑥쑥 지나쳐서 빠르게 지나가는 게 당연한 것이었습니다. 그런데 저도 사람인지라 지는 기분이 들어서 속도를 내기 시작했습니다. 그런데 얼마 안 가서 제 평소 속도보다 오버하게 되어서 지쳐서 더 느려지더라구요. 그렇게 상대적인 박탈감을 가지고 빠르게 뛰다가 다시 느려진 속도로 20km 정도를 뛰었어요. 20km를 지나고 나서부터는 저랑 같이 뛰거나 먼저 지나

가는 사람들 응원도 하고 제 한 걸음 한 걸음에만 집중했어요. 기록은 이미 중요한 게 아니었고 끝까지 걷지 않고 뛰어가기만 해도 좋겠다는 생각이 강했거든요. 그리고 다행히도 완주하였습니다.

놀라웠던 건 다 완주를 하고 결과 보고서를 보니, 악착같이 뛰었던 0km~20km 구간보다, 힘을 빼고 뛰었던 20km~42.195km 구간의 속도가 더 빨랐던 것이었습니다. 체력적으로도 후반부가 분명히 더 힘들었을 텐데도 말이죠. 신기했어요. 이 경험을 하고 나서 저는 무엇을 하든지 간에, 제 속도대로 음미하면서 하나씩 하는 게 제일 빠르고 더 풍요로운 결과를 준다는 것을 알게 되었고 그렇게 살고자 하게 되었습니다.

그런데 주변에 제가 존경하고 성공한 선배분들을 봐도 뭐든지 잘하는 사람들 같지만, 자세히 보면 부족한 부분도 보이더라구요. 그분들은 자신이 가진 강점을 찾고 그 외 부족한 부분들은 도움을 받아서 채워 나가시더라구요.

"자기가 잘하는 것을 알고 기여를 하고 강점을 활용하고 내가 가지고 있지 않는 것은 사람 '인재'로 메우는 것이다."

– 미국 헬스 어플 1위 "Noom" 창업자, 정세주

그리고 회사 안 관점이 아니라 조금 한 발, 아니 두세 발 뒤로 가서 여러분들이 일하는 모습을 보는 상상을 해 볼까요. 지금 있는 회사에서 "잘한다"라는 기준이 어떤 기준이고, 그게 정말로 여러분 기준에서 "잘하는 것"일까요?

얼마 전에 고등학교 은사님과 고등학교 친구들을 다 같이 볼 기회가 있었습니다. 오랜만에 친구들이 무슨 일을 하는지 어떻게 사는지 이야기를 나누다 보니 다양한 삶을 살고 있었습니다. 경찰관, 영화감독, 개발자, 선생님, 공무원 등등. 특히 기억에 남는 친구는 영화감독을 하고 있는 친구였습니다. 사실 저와 친했던 친구는 아니어서 얼마만큼 그런 활동을 하였는지는 몰랐고 그날 만나서 이야기를 하면서 알게 되었습니다. 이야기를 하면서 알게 된 게 고등학교 때부터 꾸준히 영상을 찍어 보고 작은 대회도 나갔다고 합니다. 대학교도 관련된 전공을 진학해서 지금은 감독으로 크고 작은 영화를 이미 찍었습니다. 그 친구가 했던 말 중에 가장 기억나는 말 한마디가 있습니다. "학창 시절에 공부를 열심히 했던 친구들이 멋있었던 건, 공부를 잘해서가 아니라 무언가에 열정을 갖고 노력하는 모습이었어." 이 친구는 이미 알고 있었던 것 같았어요. 자신만의 기준이 무엇인지.

학교 다닐 때는 "성적"이라는 명확한 기준으로 어떤 학생은 잘하고 어떤 학생을 덜 잘한다고 평가를 하였습니다. 그런데 많은 세월이 흐르고, 지금의 사는 모습을 보면 그때 성적 기준으로 더 잘했던 학생이 더 잘 살고 있는지는 모르겠습니다. 하지만 한 가지는 확실했습니다. "성적"이 대표적인 기준이었던 학교라는 곳에서, 자신만의 기준을 세우고 그 기준에서 "잘했다"를 느끼기 위해서 꾸준히 했던 사람들이 지금도 그 기준에서 "잘해 가고 있다"라는 것입니다.

지금 다니는 회사로 바꿔서 말하면, 여러분들이 다니는 회사에서 또한 자신만의 기준을 만들어 보면 어떨까요? 작게 시작할 수 있는 것들로 예를 들면, "이번 달까지 ○○ 프로젝트 완수하기", "이번 ○○주 ○○ 개발 끝내기", "이번 연도 ○○ 매출 달성하기", "○○, ○○, ○○ 협조 이끌어 내기 또는 설득하기" 등이 있겠죠. 아마 스스로 잘 느낄 것입니다. 여러분이 만든 기준으로 잘했다고 느끼면 그게 잘한 것이고 아니면 아닌 것을.

두 번째, 세상에는 느리게 성공한 사람이 더 많다

세상을 둘러보면, 최연소 & 최단기간 등 빠른 것을 강조하고 하이라이트를 하다 보니, 모두가 그렇게 사는 것처럼 느낄 것입니다. 하지만 조금 더 천천히 세상을 둘러보면 느리게 성공한 사람이 더 많다는 것을 알 수 있을 것입니다. 21세기 스타트업의 메카인, 실리콘밸리에서 사업을 성공하는 평균 나이는 41.9세라고 합니다. 그리고 더 높은 성장률(상위 0.1%)인 스타트업 창업가의 경우 평균 나이가 45세라고 합니다. 20세, 30세보다 더 많은 경험을 한 40대가 사업을 더 성공시킬 확률이 높은 것은 어찌 보면 당연한 것일 수도 있습니다. 18세부터 대형마트에서 일을 시작해서 47세에 코스트코를 설립한 짐 시네갈, 어렸을 때부터 신발공장에서 일하다가 49세에 자기 이름을 딴 '아디다스'를 창립한 아돌프 다슬러, 밀크쉐이크를 만드는 믹서기를 판매하다가 53세에 맥도날드를 개업한 레이 크록 등의 창업가들 또한 어린 나이에 여러 경험을 하고 그 경험을 바탕으로 느리게 성공을 하였죠.

이분들의 공통점은 모두 강한 목적의식과 자신이 정한 목적을 이루고자 하는 의지를 갖고 있었다는 것입니다. 그리고 자신을 믿고 자신이 하는 일을 믿고 밀고 나갔다는 것이죠. 지금 저희들이 느끼는 뒤처짐은 어찌 보면 당연한 감정과 생각일 것입니다. 그 감정을 그대로 가져가시되 다시 한번 스스로 되물어 보는 게 어떤가요. 자신만의 기준이 무엇인지.

PS. 아 그리고 제가 마라톤 뛰면서 가장 멋있었던 사람은, 마라톤 중간중간에 사진 찍고 즐기는 사람이었습니다. 느려도 좋습니다. 뒤처져도 좋아요. 그 순간순간 음미하면서 배우고 느끼면서 가면 됩니다. 멀리 보면 그게 더 빠른 길입니다.

감사합니다. 오늘 하루도 잘 음미하면서 좋은 하루 보내길 바라요.

조급한 마음이 들 때 도움 될 만한 추천 도서

- "아웃라이어, 말콤 글래드웰" - 특별한 성공과 업적을 이룬 사람들을 연구하며 이들의 이야기에서 성공의 비밀을 찾는 책입니다.
- "100세 인생, 린다 그래튼" - 오래 사는 삶의 가치와 풍요로운 노후를 추구하는 방법을 다루는 책입니다.
- "5년 후 당신은, 그레이스 로던" - 5년 후 자신이 원하는 삶을 어떻게 구상하고 실현할 수 있는지에 대한 가이드를 제시합니다.
- "마흔에 읽는 니체, 장재형" - 니체의 철학을 쉽게 이해하고 적용하는 방법을 다룹니다.
- "가자, 어디에도 없었던 방법으로, 테라오 겐" - 독특한 시각과 접근법을 통해 문제를 해결하고 창의적으로 생각하는 방법을 제시합니다.
- "평균의 종말, 토드 로즈" - 평균적인 사람과 상황의 편견을 깨고 다양한 개인의 차이를 이해하고 존중할수 있도록 제시합니다.
- "팩트풀니스, 한스 로슬링" - 사회 현상을 사실 기반으로 이해하고 현실적인 시각을 갖도록 도와주는 책입니다.

나는 걸으면서 가장 풍요로운 생각을 얻게 되었다.
걸으면서 쫓아 버릴 수 없을 만큼
무거운 생각이란 하나도 없다.

- 덴마크 철학자, 키르케고르

4

스트레스, 어떻게 관리 할 수 있을까요?

4화

안녕하세요. Andy 님.

오늘도 잘 지내셨나요? 아마 쉽지만은 않은 하루를 보내셨을 것 같네요. 회사 생활 하다 보면 이런저런 스트레스를 많이 받죠. 저도 아침에 출근하기 전에 한동안 우울감과 무기력한 느낌이 있어서 힘들었던 적이 있었어요. 오늘 이야기할 내용은 이런 우울감, 불안감에 대한 이야기를 하려고 해요.

대학교나 학교에 경우는 상대적으로 관계에 대해서 책임감을 갖고 다닐 의무가 없지만, 회사라는 곳은 짧지 않은 기간 동안 의무적으로 함께해야 하기 때문에 더 어려운 것 같아요. 더 힘든 것은 성격이 맞지 않은 사람도 같이 계속 일을 해야 한다는 것입니다. 한 통계 조사에 따르면, 회사에서 퇴사하는 가장 큰 이유가 대인관계 스트레스(15.8%)라고 합니다. 이건 회사 생활을 경험한 모든 사람들이 공감하는 이유일 것입니다.

이번에 제가 우연한 기회로 한국, 미국, 대만, 중국, 일본, 유럽 등 전 세계에 있는 저연차 회사 직원들을 만날 수 있었습니다. 이때도 공통적으로 고민했던 주제가 회사 동료들과 관계로 인한 스트레스였습니다. 한 중국인 동료는 상사분의 업무 압박으로 스트레스를 너무 받아서 이직을 고민하고 있었습니다.

특히 새로운 사회에 들어와서 사람, 일, 환경, 프로세스가 모두 처음인 곳에서 상대적으로 지식과 경험을 가진 사람들에게 도움을 받는 게 쉽지 않습니다. 저를 돌이켜 보더라도 모든 집단에 처음 적응 기간이 제일 힘들었던 것 같습니다. 특히 감정적인 측면에서 쉽지 않았던 것 같아요. (MBTI가 F인 사람으로서….)

저 또한 한동안 아침에 일어났을 때 "우울감"과 "불안감"이 들었다고 말씀드렸죠. 참… 아침에 일어나서 이유 모를 이 불안감, 특정한 이유는 없는데 우울함이 있었습니다.

사실, 그날에 회사에 가서 발생할 일들로 인해서 저도 모르게 미리 걱정하고 스트레스를 받고 있었던 것이었습니다. 저는 항상 "긍정적인 사람", "밝은 사람"이라고 스스로 자부했었기 때문에 이런 감정에 당황스럽고 힘들었습니다. 그때 저는 새로운 팀으로 이동하고 나서 제가 생각했던 저의 역할을 잘 해내지 못하고, 팀원들로부터 좋은 평가를 못 받을 때였습니다. 사실 새로 팀을 이동하고 적응 기간이 힘든 건 누구나 마찬가지입니다. 하지만 그 상황 자체보다 주변에서 좋지 못한 피드백을 여러 번 받다 보니 자존감이 낮아졌고 우울감이 생겼던 것 같습니다.

저는 그 감정을 어떻게든 떨치고자 어느 날부터 아침에 일어나자마자 신발을 신고 밖으로 나갔습니다. 10분이건 1시간이건 그 불안한 감정이 사라질 때까지 걷고 뛰었습니다. 처음 며칠은 사실 그냥 기분전환을 하기 위해서 시작을 했는데, 뛰다 보니 머릿속에 있던 걱정들이 점점 사라지는 것을 느낄 수 있었습니다. 그때 제가 했던 걱정들은 대부분 "일이 너무 어려운데 어떻게 해결하지?", "다른 사람들이 나를 좋지 않게 평가하면 어떡하지?" 이 두 가지로 귀결되었습니다.

걷고 뛰면서 내 머릿속에 있는 걱정과 불안에 대해서 좀 더 깊이 들여다보고, 이것을 해결하기 위해서 어떤 "행동"을 해야 할지 초점을 맞춰서 생각하였습니다. 그리고 그 걱정과 불안을 해결할 행동들이 생각날 때마다 적어 두었습니다. 그리고 하루 동안 그 행동들을 행해 보고도 안 된다면 "그건 어쩔 수 없는 것이다."라고 생각하기로 정리하였습니다. 이렇게 아침에 일어나서 몸을 움직이는 습관을 갖고 나서부터는 불안감과 걱정이라는 감정을 조금이나마 컨트롤할 수 있게 되었습니다.

나중에 알게 된 사실은 뇌과학적으로도 몸을 움직이는 행동, 운동이 스트레스를 대응하는 호르몬인 NPY(Neuropeptide Y)를 뇌의 한 부위인 아밀갈라에서 더 잘 분비하게 촉진한다고 합니다.

한 연구실에서 12명의 남성을 대상으로 4주 훈련 및 실험을 하여서 NPY를 측정하였다고 합니다. 이때 노 젓기, 자전거 타기, 달리기 등을 하였는데 운동 전후로 NPY를 비교해보니, 운동을 하면 30분 넘게 NPY가 상승하는 상태로 지속됐다고 합니다. 그리고 이 연구를 통해서 연구진들은 일주일에 3번 약함에서 중간 정도 강도로 30분 정도 운동을 하면 불안을 충분히 잠재울 수 있다는 것을 발견하였다고 합니다. 이 호르몬은 "회복 탄력성"과도 연관이 있는 것입니다. 스트레스나 외부 자극에 민감하게 반응하지 않고 탱탱한 고무공처럼 다시 회복하는 성질을 회복 탄력성이라고 합니다. NPY의 수준이 높은 사람은 회복 탄력성이 높고 주변 스트레스에 잘 회복한다는 것입니다. 그 NPY호르몬을 잘 낼 수 있도록 유지하는 것은 바로 운동이구요. 그래서 제가 아침에 운동을 시작하고 나서부터 불안감과 걱정이 줄어들었나 봅니다.

또 다른 일화로 넬슨 만델라의 이야기를 공유하고 싶습니다.

한 일화에 의하면 넬슨 만델라가 감옥에 수감되었을 때, 간수들이 무덤처럼 구덩이를 파고 밀어 넣은 다음 그 위에 오줌을 싸는 등 여러 추악한 일들을 했다고 합니다. 하지만 나중에 만델라는 대통령이 된 이후 이 간수들을 초대해서 화해의 식사를 했다고 합니다. 만델라가 그들을 향해 분노와 복수의 마음을 품고 살았다면 그는 스트레스로 병이 걸려서 오래 살지 못했을 것입니다. 하지만 그는 복수심 대신에 매일 아침마다 윗몸일으키기 100회, 팔굽혀펴기 200개를 하면서 자신의 마음을 다스렸다고 합니다. 이렇게 최악의 환경에서도 스스로를 정신적으로, 신체적으로 단련한 그는 여러 수감자에게 귀감이 되었다고 합니다. 넬슨 만델라 또한 매일 운동을 통해서 심리적 스트레스를 컨트롤했던 것이죠.

저희가 있는 사회나 조직에는 간수들만큼은 아니지만, 저희의 감정을 요동치게 하는 여러 스트레스 요인들이 있습니다. 이런 스트레스를 해결하기 위해서 저희들은 폭식, 게임 등을 해서 "쾌락"이라는 심리적인 자극을 찾곤 합니다. 저희가 찾는 쾌락은 심리학적 호르몬은 "도파민"을 통해서 얻을 수 있다고 합니다. 하지만 이런 방법들은 쾌락이 끝난 직후에 소량의 도파민이 남아 있는데, 이런 도파민을 "백수 도파민"이라고 합니다. 백수 도파민은 수용체와 결합을 하지 못하고 더 강한 자극을 찾게 됩니다. 폭식, 게임, 섹스 등의 외부 활동은 백수 도파민을 남겨서 더 강한 자극을 원하는 반면에 운동의 경우 도파민 분출도 하지만 그와 함께 이런 백수 도파민의 청소도 하는 좋은 효과도 같이 가져갑니다. 그래서 장기적으로 스트레스를 없애 주고(NPY호르몬) 쾌감(도파민호르몬)을 주는 효과까지 줄 수 있습니다.

저는 이 글을 다 쓰고 오늘도 도파민과 NPY를 뇌에서 분출하기 위해서 러닝을 뛰고자 합니다. Andy 님도 조금이라도 스트레스가 생기면, 바로 운동화를 신고 산책을 나가 보는 것부터 해 보면 어떨까요. 산책하고 나면 그 일이 조금이라도 해결되었을 것입니다. 오늘도 회사에서 이런저런 일로 고생 많으셨습니다. 어서 나가서 같이 운동하시죠.

감사합니다.

스트레스 관리에 도움을 주는 추천 도서

- "달리기를 말할 때 내가 하고 싶은 이야기, 무라카미 하루키" - 달리기를 통해 자기와의 대화를 이어 가고 내면의 이야기를 나누는 경험을 공유합니다.
- "철학자와 달리기, 마크 롤랜즈" - 철학과 달리기를 결합하여 삶의 의미와 목표를 찾는 방법을 탐구합니다.
- "운동의 뇌과학, 제니퍼 헤이스" - 운동이 뇌에 미치는 영향을 과학적으로 설명하며 운동의 중요성을 강조합니다.
- "계속 가봅시다 남는 게 체력인데, 정김경숙" - 체력과 건강을 유지하고 향상시키는 방법을 제시하며 체력의 가치를 강조합니다.
- "습관의 힘, 찰스 두히그" - 습관이 삶에 미치는 영향을 다루고 원하는 습관을 형성하고 유지하는 방법을 제시합니다.

'사람은 누구나 중요한 사람이 되고 싶은 욕망'을 가지고 있다.
말하는 순간만큼은 가장 중요한 사람으로 대우받기를 원한다.
찰나의 눈빛과 한마디 말에도 반응하는 사람 앞에서
그는 자신의 마음을 열게 된다.

- 미국의 철학자 존 듀이

5

어떻게 하면 제 뜻을 잘 전달할 수 있을까요?

5화

안녕하세요. Andy 님.

오늘도 좋은 하루 보내셨나요? 어떤 일이 있었는지, 어떤 사람들과 보냈는지 궁금하네요. 회사 생활 하면서 여러 사람들의 이야기를 듣고 내 이야기를 하면서 하루를 보내셨겠네요. 또 한편으로 그 이야기에 상처를 받기도 하고 그 이야기에 상처를 주기도 하죠.

오늘 이야기해 볼 주제는 사람과 사람 사이에 주고받은 이야기, 그 이야기를 전달하는 매개체인 "말"에 대해서 이야기할까 해요. 누군가에게 메시지를 전달한다는 것, 누군가의 메시지를 올바르게 전달받는다는 것은 생각보다 어려운 일입니다. 한 가지 예시를 들어 보겠습니다.

"열다섯 살 소녀가 지금 당장 결혼하고 싶어 한다면 당신은 그녀에게 어떤 말을 해 주고 싶은가요?"

위의 질문을 듣고 잠시 생각해 봅시다. 당신이라면 소녀에게 어떤 말을 해 주고 싶은가요? 그녀가 당신의 아이이거나 제자라면 어떤 말을 해 줄 것인가요? 이 질문은 1980년대 초반 '베를린 지혜 프로젝트(Berlin Wisdom Project)'라는 흥미로운 실험에 처음 등장했습니다. 연구원들은 '지혜로운 사람에게는 어떤 특징이 있을까?'를 알아보기 위해 실험에 참가한 사람들에게 위와 똑같은 질문을 던졌고 곧이어 대답이 크게 둘로 나뉜다는 것을 발견했다고 합니다. 감정이 요동치는 대답과 감정을 잘 컨트롤한 대답.

스티븐 홀의 책 《무엇이 그들을 지혜롭게 했을까》에서는 아래와 같이 말합니다. "지혜로움이란 이해할 수 없는 상황이나 상식적으로 받아들일 수 없는 사건 앞에서도 감정을 다스릴 줄 아는 것." 고정된 관점을 고집하는 대신 상황의 맥락을 이해하고, 유연한 태도를 보일 줄 아는 것 등이 바로 현명한 사람의 특징이라고 이 책은 설명합니다.

●●● 첫 번째, 감정을 빼고 말하기

사실, 말을 한다는 것 이전에 감정을 잘 컨트롤하는 게 말의 핵심 그리고 본질의 "메시지"를 잘 전달하는 게 중요하다고 생각합니다. 저희 개인적인 이야기를 할까 합니다.

저희 아버지께서는 전형적인 경상도 아버지 중 한 분이셨습니다. 살갑게 말을 하기를 부끄러워하시고 무뚝뚝하지만 속은 누구보다 여리고 보송보송한 그런 분이십니다. 드라마를 가족끼리 다 같이 보면 슬픈 장면에서 조용히 눈물을 닦는 그런 분이시죠. 그리고 MBTI로 치면 F가 80% 이상일 것입니다. 그런데 저는 이런 아버지와 어렸을때 여러 무거운 주제로 대화를 할 때 고민이 많았습니다. 왜냐하면 아버지에게 제 메시지를 전달할 때 감정이 그 메시지를 흐리는 경우가 많았기 때문입니다. 그래서 고민한 끝에 아버지에게 무거운 주제나 메시지를 전달하기 전에는 항상 편지를 썼습니다. 그리고 편지로 전달하거나 편지를 가서 읽어 드렸습니다. 그러면 감정을 좀 더 지우고 제가 전달하고 싶은 메시지를 더 정확하게 전달할 수 있기 때문이었습니다.

다른 일화로 김윤나의 책 《말 그릇》에 담겨 있는 일화를 소개해 드릴까 합니다.

"후배 한 놈 때문에 아주 죽겠습니다. 후배라고 처음 들어와서 좀 키워 보려고 공을 들였거든요. 모르는 것도 하나하나 일러주고, 실수해도 눈감아주면서 기회를 여러 번 줬는데. 입사한 지가 언제인데 아직도 제대로 일을 못해요. 실력이 늘 만도 한데 당최 나아지질 않아요. 제가 언제까지 뒤를 봐줘야 하냐고요!" 그는 화가 많이 나 있었다. 얼마 전에는 후배에게 "도대체 입사한 지가 언제인데 이것 밖에 못 하냐! 다른 일을 알아봐야 하는 것 아니냐"고 말해버렸다고 한다. 순간적으로 감정조절을 못 한 것은 맞지만 너무 화가 나서 참을 수가 없었다고 털어놓았다.

이때 저자는 후배를 보면 어떤 감정이 드는지 질문을 했다고 합니다. 그분의 대답은 "화"였습니다. 그런데 저자가 계속된 질문을 하다 보니 저분의 깊은 감정에는 "실망감"이 진짜 감정이었던 것이었습니다. 첫 후배에게 쏟은 에너지와 믿었지만 생각대로 안 되는 상황에 대한 실망감이었습니다. 저분이 만약에 후배에게 “화”로 메시지를 전달하기보단, 속마음 사실대로 “실망감” 그리고 더 넘어서 “기대감”으로 감정을 전달했다면 어땠을까요? 그리고 그 감정을, 메시지를 전달함으로써 원하는 것은 “후배가 더 잘되고 잘하기 바라는 마음”일 것입니다. 그런데 단순히 “화”라는 감정으로 잘못된 방향으로 방법으로 표현한 것입니다.

Andy 님께서는 “말”을 전달하기 앞서 잠시 시간을 갖고 내가 느끼는, 생각하는 본연에 감정이 무엇인지 잠시 생각해 보면 좋을 것 같아요. 그리고 그 생각을 아래와 같이 적어 보세요.

나는 그때 ○○(감정)을 느꼈다.
왜냐하면 내가 ○○라는 기대(생각)를 가지고 있었기 때문이다.
그러니까 다시 생각해 보면 내가 느낀 첫 감정은 ○○이다.

두 번째, 질문하고 듣기

그럼 감정을 아는 것 다음으로 말하기를 잘하기 위한 두 번째 중요한 것은 무엇일까요? 제가 말씀드리고자 하는 것은 바로 “질문과 듣기”입니다.

저는 대학교를 다니면서 영어를 잘하고 싶어서 미국으로 6개월 정도 인턴을 하러 간 적이 있었습니다. 그때 저는 초, 중, 고등학교 12년간 교육과정과 미국 영화를 즐겨 봤던 덕분에 영어 듣기는 일상 대화의 70% 정도는 이해할 수 있었습니다. 하지만 말은 거의 하지 못했습니다. 의사소통도 잘하지 못하는 제가 미국 실리콘밸리라는 곳의 스타트업에서 일을 하게 된 것입니다. 저는 실리콘밸리에 가면서 "성공한 사람이나 배우고 싶은 사람이 많으면 궁금했던 질문들을 해야지."라는 생각으로 영어로 된 질문들을 정리해 두었습니다. 사람들을 만나서 이야기할 때 우선 인사를 하고 제 소개를 하고 그 사람이 어떤 사람인지 한참 들었습니다. 그리고 제가 준비해 둔 질문들을 하나씩 꺼냈습니다. 그리고 "오우", "리얼리" 등 각종 리액션을 하였습니다. 질문하고 대답을 듣다가 궁금한 점이 있으면 또 질문하고를 하다 보면 정말 많은 이야기를 오랜 시간 동안 들을 수 있었습니다. 상대방이 자신의 이야기를 편하게 하고 생각지도 못한 깊은 대화까지 이어질 수 있었습니다. 그렇게 6개월 동안 의도치 않게 "질문"과 "듣기"를 중점으로 한 대화를 하면서 영어를 사용하더라도 제가 모국어보다 더 편하게 사람들과 이야기를 할 수 있다는 것을 체험할 수 있었습니다.

‘사람은 누구나 중요한 사람이 되고 싶은 욕망’을 가지고 있다. 말하는 순간만큼은 가장 중요한 사람으로 대우받기를 원한다. 찰나의 눈빛과 한마디 말에도 반응하는 사람 앞에서 그는 자신의 마음을 열게 된다.

– 미국의 철학자 존 듀이

“공감으로 들어 줄 때는, 상대를 돕기 위해 문제해결 방안이나 부탁을 들어주는 쪽으로 관심을 돌리기 전에, 상대방이 충분히 자신을 표현할 수 있는 기회를 주는 게 중요하다. 문제해결에 너무 서두르게 되면 우리의 진정한 관심이 상대방의 느낌과 욕구에 있다는 걸 제대로 전달할 수 없다. 또한 사람들이 대화 초기에 꺼낸 말은 종종 빙산의 일각과 같다. 그런 말들 다음에는 아직 표현되지는 않았지만 더 강한 느낌이 따라 나올 수 있다.”

– 마셜 B. 로젠버그, 《비폭력대화》 중에서

책 《말 그릇》에서는 듣기에 대해서 3F로 정리했는데, 저 또한 진정한 듣기는 아래 세 가지 F를 모두 이해하면서 듣는 게 정말 듣기라고 생각하였어요.

Fact(사실 듣기) : 주요 내용을 요약한다.

Feeling(감정 듣기) : 진짜 감정을 확인한다.

Focus(핵심 듣기) : (말하지 않더라도) 알아주었으면 하는 핵심 메시지를 발견한다.

"깊이 있게 듣는다는 것은 단어나 생각, 감정, 개인적인 의미, 심지어는 말하는 사람의 의도 밑에 깔려 있는 의미까지 듣는다는 뜻이지요. 때때로 나는 그리 중요하지 않은 메시지 속에서 그 사람의 겉모습 아래 깊이 파묻혀 있는 인간적인 절규를 듣기도 합니다."

- 심리학자 칼 로저스

Andy 님도 대화하면서 세 가지 F를 생각하면서 그 사람의 말을 다시 들어보면 어떨까요?

또 다른 EBS 실험을 공유드려 볼까 합니다.

EBS '놀이의 반란'이라는 프로그램에서 자율성에 관한 실험을 소개한 적이 있습니다. 상황은 이렇습니다. 만 5세 아이들을 세 그룹으로 나누고, 첫 번째 그룹에게는 선생님이 하나의 놀이를 지정해 줍니다. "지금부터 쌓기 놀이만 하는 거예요, 알았죠?" 두 번째 그룹에게는 권유를 합니다. "지금부터 쌓기 놀이를 하면 좋겠어요, 어때요?" 마지막 그룹에게는 선택권을 줍니다. "어떤 놀이를 하고 싶어요? (대답을 듣고) 그럼 지금부터 그 놀이를 하면 돼요."

선생님의 요구에 따라 아이들은 놀이를 시작합니다. 그리고 15분 후에 선생님이 다시 들어가 이렇게 말합니다. "지금 놀이를 계속하고 싶은 친구들은 계속하고요. 바꾸고 싶은 친구들은 새로운 놀이를 해도 좋아요." 이 말에 각각의 그룹은 어떤 반응을 보였을까요?

첫 번째 그룹은 선생님의 말이 끝나기가 무섭게 장난감을 정리합니다. 재미있게 놀긴 했지만 애당초 선생님이 시킨 것이지 스스로 원한 것이 아니었다는 뜻입니다. 두 번째 그룹도 마찬가지였습니다. 친절하게 권유했지만 선택의 주도권이 선생님에게 있다고 느낀 것입니다. 마지막 그룹만 다른 모습을 보였는데, 바꿀 수 있는 기회가 있음에도 아이들은 처음 선택한 놀이를 계속했습니다. 진짜 놀이를 하고 있던 것은 세 번째 그룹뿐이었습니다.

이것이 바로 자율성입니다. 내가 선택한 것을 최대한 누리고자 하는 성향. 사람들은 자율적인 동기에는 반응하지만, 동기를 통제하면 딴생각을 하게 마련입니다. 질문은 바로 자율성을 활용한 대화법입니다. 억지로 설득하고 이해시키는 대화가 아니라 질문의 대답을 통해 스스로 걸어오게 하는 방식입니다. 질문을 통해 과정과 방법을 찾아가는 과정에 상대방을 참여시킬 수 있고, 방법과 프로세스에 관해 질문함으로써 선택권을 부여할 수 있습니다.

한 후배가 Andy 님에게 아래와 같은 하소연을 했다고 생각해 보세요. "선배님, 김 차장님과 일하기 힘듭니다. 불편해서 일을 할 수가 없어요. 김 차장님은 아무래도 저를 못마땅해하시는 것 같아요." Andy 님은 동료가 이런 이야기를 할 때 어떤 조언을 주실 수 있을까요? 공감해 주고 이야기를 들어 주는 방법이 있을 수도 있고 해결방안을 제안하는 방법도 있을 것입니다. 그런데 이번에는 한번 질문해 보는 건 어떨까요?

"구체적으로 어떤 점이 힘들어?"

"만약 관계를 새로 시작한다면, 무엇을 다르게 해 보고 싶어?"

"과거에도 이런 경험이 있었다면, 그때는 어떻게 해결해냈어?"

"김 차장님에 대한 네 진짜 속마음은 어떤 거야? 네가 가장 먼저 해결해야 할 것은 뭐라고 생각해?"

그리고 그 질문에 대답을 해 주고 아래와 같은 코멘트를 해 주면 어떨까요.

"쉬운 질문이 아닌데 말해 줘서 고마워.", "무엇을 더 고민해야 할지 알 수 있게 되었어."

"내가 생각해 보지 못한 관점이네.", "아, 그렇게도 볼 수 있겠네.", "그런 해석도 가능하겠어."

그리고 필요하다면 추가적으로 피드백을 할 수 있습니다.

아마 이 대화가 끝나고 후배님께서는 자신이 생각하고 깨달은 방법을 김 차장님과 관계 개선을 위해서 시도해 볼 가능성이 높을 것입니다. "질문과 듣기" 이것이 감정을 아는 것 다음으로 대화에서 중요한 두 번째 핵심입니다.

세 번째, 자신 있게 이야기하기

이제 마지막으로 대화에서 중요한 "말하기"에 대해서 이야기하고자 합니다.

대화를 나무로 비유하자면, 자신과 상대방의 감정을 알고 질문을 하고 듣는 것은 "뿌리와 줄기"라는 생각이 들었어요. 그리고 그 뿌리를 이해한 바탕으로 내가 전달하고 싶은 메시지를 전달하는 "말하기"가 잎이라고 생각합니다. 말하기에 핵심은 메시지를 "어떻게" 전달할 것인가입니다. 왜냐하면 사람들은 생각보다 저희들의 말을 잘 듣지 않기 때문입니다.

사람 간에 일어나는 의사소통에서도 언어가 차지하는 비율은 7%, 목소리의 톤이나 빠르기, 크기가 차지하는 비율은 38%, 보디랭귀지가 차지하는 비율은 55%라고 한다.

- 캘리포니아대학교 UCLA 심리학과 명예교수
앨버트 머레이비언의 커뮤니케이션 이론인 '머레이비언의 법칙'

결국, 소통의 93%는 언어가 아닌 몸짓이나 뉘앙스로 이루어진다는 것입니다. 그럼 93퍼센트는 어떻게 컨트롤되는 걸까요? 바로 그 메시지를 전달하는 사람의 마인드와 태도 그리고 자신감에 따라 달라지는 것입니다. Andy 님도 알 것입니다. 회사에서나 일상생활에서 내가 하는 말에 스스로가 신뢰가 없다면 다른 사람에게 전달할 때 스스로도 움츠러들고 소극적이게 전달하게 된다는 것을요. 그래서 말하기에서 가장 중요한 것은 자신감입니다. 그 자신감은 어디에서 나오느냐, 자신과 자신의 메시지에 대한 진심과 신뢰에서 나오는 것입니다. 보통 사람들은 자신의 이야기를 할 때는 자신감 넘치게 이야기를 하곤 합니다. 왜냐하면 자신이 직접 경험했던 내용을 바탕으로 이야기를 하기 때문입니다.

저는 5년 동안 영어 스피치 동아리를 하면서 여러 발표를 잘하는 사람들을 만나고 글로벌 스피치 대회를 보고 배우면서 말을 잘하는 사람들의 공통점과 사람들이 좋아하는 스피치의 공통점을 알게 되었습니다.

바로 "스토리텔링"이었습니다. 사람들과 수다를 하거나 할 때 가장 사람들이 말하기 좋아하고 궁금해하는 게 "다른 사람 사는 이야기"를 전달하는 것입니다. 그 이유는 사람들은 "스토리"를 좋아하기 때문입니다. 저희가 드라마나 연애기사 뉴스를 듣고 보고 하는 이유도 이 때문입니다. 사람이기 때문에 다른 사람의 이야기가 궁금한 것입니다.

그래서 정리하자면 Andy 님께서 말하고자 하는 메시지가 있다면 "스토리 형식"으로 "자신감" 있게 말을 한다면 자신의 메시지를 잘 전달할 수 있을 거라고 생각합니다.

오늘은 "대화"라는 어렵지만 중요한 이야기를 하였네요. 앞서 말씀드린 사람과 사람을 이어 주는 대화를 하기 위해서 "감정", "질문과 듣기", "말하기" 이 핵심들을 바탕으로 사람들과 연결이 잘 되면 좋겠습니다.

감사합니다.

●●●

진정한 소통에 도움을 주는 추천 도서

- "말 그릇, 김윤나" - 효과적인 커뮤니케이션을 통해 대화와 관계를 개선하는 방법을 제시합니다.
- "어떻게 설득해야 마음을 움직이는가, 빅토리아 메드백" - 타인을 설득하고 마음을 움직이는 기술과 전략을 다루는 책입니다.
- "지지 않는 대화, 다카하시 겐타로" - 대화와 의사소통을 향상시켜 상대방의 심리와 마음을 어떻게 이해하고 대화할 수 있는지에 대해 다룹니다.
- "마음의 법칙, 폴커 키츠, 마누엘 투쉬" - 마음과 감정의 원리를 이해하고 통제하는 방법을 제시합니다.
- "어떻게 원하는 것을 얻는가, 스튜어트 다이아몬드" - 목표를 달성하고 원하는 것을 얻는 데 필요한 전략과 기술을 다루는 책입니다.
- "설득의 심리학, 로버트 치알디니" - 타인을 설득하고 영향을 미치는 심리학적 원리와 전략을 다루는 책입니다.

"레버리지 당하지 말고 레버리지 해라.
다른 사람의 To do list의 일을 해 주지 말고
내 To do list의 일을 다른 사람이 하도록 해라."

- 롭 무어, 《레버리지》

6

일이 너무 쏟아지듯이 많은데 어떻게 할까요?

6화

안녕하세요. Andy 님.

저는 오늘은 텍사스 주립대학교 도서관에 와서 편지를 쓰고 있습니다. 미국 출장을 오는 동안 계속 전달드리고 싶었던 "레버지리"에 대해서 생각을 하게 되더군요. 비행기 안에서도 책도 읽고 생각도 정리해 보곤 했어요. 한 가지 재미있는 이야기부터 시작해 볼까 하는데요.

어떤 연봉 1억 7천만 원 받는 S/W 개발자가 실리콘밸리에서 일하고 있었습니다. 그런데 그 개발자는 퍼포먼스도 좋았고 개발업무를 시키면 척척 잘해 왔다고 합니다. 그런데 어느 날 HR 팀으로부터 해고 통보를 받았다고 합니다. 그 이유는 "업무 태만"이 이유였다고 합니다. 알고 보니 아시아 쪽 개발자에게 3천만 원에 1년 동안 개발을 외주했다고 합니다. 물론 중간에 개발 수정 및 PM 역할을 하긴 하였지만, 적어도 1억 원 정도의 마진이 남는 회사 생활이었다고 합니다.

다시 본론으로 돌아와서, 지금 일을 하면서 "어떻게 하면 한정된 시간 안에 더 많은 퍼포먼스를 낼까?" 그리고 "아직 배워야 할 게 많은 부족한 실력이지만 일을 어떻게 잘 이끌어 갈까?" 이런 질문을 스스로 많이 하게 될 거예요. 누군가는 "노오오오력"을 하고 열심히 하면 다 된다고 말을 하지만, 8시간이라는 Working Hour 동안 최대한 효율적으로 일을 하고 싶으실 거예요. 이럴 때는 앞서 실리콘밸리 개발자가 했던 것과 같이, "레버리지"의 힘을 활용하는 것입니다.

●●● 첫번째, 레버리지

레버리지(Leverage)라는 단어의 정확한 뜻을 들어 보신 적 있으실까요? "lever"라는 뜻은 지렛대, "age"는 나이라는 뜻입니다. 지렛대의 힘처럼, 작은 힘으로 더 큰 결과를 가져오게 하는 것을 말합니다. 물리학적으로는 시소를 타거나, 못을 빼거나 할 때 사용합니다. 경제학적으로는 다른 곳의 돈을 빌려서 더 성장가치가 있는 곳에 투자해서 내 투자금 대비 더 큰 수익을 얻는 방법으로도 사용합니다.

그럼, Andy 님께서 일하는 환경에서 어떻게 작은 힘을 들여서 큰 결과를 만들 수 있을까요? 결론부터 말씀드리면, 여러분들이 일하는 환경에서 같이 하는 "모든" 사람들을 지렛대 삼아 큰 결과를 만드는 것입니다. 특히, 처음에 잘 모를 때일수록, 어떤 분야의 초보자일수록 더욱 지렛대를 사용해야 한다고 생각합니다. 거인의 어깨에 탄다는 말처럼, 지금 있는 환경에서 지렛대를 삼을 만한 사람들을 활용하는 것입니다. 제가 최근에 경험했던 한 가지 일화를 통해서 오늘 말씀드리고 싶은 "레버리지"의 방법론에 대해서 이야기해 볼까 합니다.

이번에 인턴분들의 두 달간 인턴십과 면접을 경험하면서도 "레버지리"에 따라서 합/불합이 결정되는 모습을 보았었습니다. 사실, 두 달 동안 인턴분들이 어떤 결과를 낸다는 것은 어렵습니다. 그런데, 저와 같이 일하는 동료들이 보고 싶었던 모습들은 "얼마나 일을 잘하고 같이 일을 하고 싶은 사람인가?"였습니다. 다시 말하면 "얼마나 슬기롭게 이미 일하고 있는 사람들을 레버리지 해서 일을 진행하는가?"였습니다.

합격한 인턴분들의 모습을 보면 아래와 같은 공통된 행동을 관찰할 수 있었습니다.

· 모르는 부분을 적극적으로 질문을 해서 정보와 방법을 얻어 갔습니다.

· 동료분들에게 잠시 시간을 내 달라고 요청해서 피드백과 도움을 요청하였습니다.

· 기존에 인턴십을 합격한 저연차 신입사원분들에게서 다양한 자료 및 조언을 구하였습니다.

이 세 가지 모두, 주변 분들이 가지고 있는 여러 자원과 리소스를 레버리지 해서 자기 리소스로 레버리지 했다는 것입니다. 두 달이라는 한정된 시간 동안 "인턴십 합격"이라는 Goal을 이루기 위해서 최대한 다양한 정보와 도움을 요청하였습니다.

롭 무어의 책 《레버리지》는 레버리지 방법론을 아래와 같이 "VVKIK"로 나눠서 설명하였습니다.

- V(Value, 가치)
- V(Vision, 비전)
- K(KRA, Key Result Area 핵심 결과 영역)
- I(IGT, Income Generating Task 소득 창출 업무)
- K(KPI, Key Performance Indicator 핵심 성과 지표)

저는 이것 중에 "V(가치), V(비전), K(핵심 결과)"를 정말 중요한 Goal이 무엇인지 생각을 하게 만드는 파트이고 "I(소득 창출 업무), K(핵심 성과 지표)"는 앞서 선택한 Goal을 바탕으로 무엇을 할지에 대해서 생각하는 파트라고 정리하였습니다. 중요한 건, 목표를 잘 정리하고 어떤 일을 할지를 일을 하기 앞서 항상 생각하고 정리하는 습관을 들이는 것입니다. 저 또한 스스로에게 항상 아래와 같은 메시지를 주곤 합니다.

"레버리지 당하지 말고 레버리지 해라. 다른 사람의 To do list의 일을 해 주지만, 내 To do list의 일도 다른 사람이 하도록 해라."

여러분이 스스로 시간과 할 일 그리고 방향성을 설정하지 않으면, 다른 작은 힘에 의해서 나의 시간과 에너지가 사용될 것입니다.

그들의 힘에 굴복하지 마라. 열심히 일하고 무지한 상태로 침묵하라는 기만과 세뇌에 속지 마라. 당신은 혁신적으로 생각하고 최선의 결과를 얻을 수 있는 지름길을 추구하는, 새롭고 현대적인 방법을 시도할 수 있다. 당신이 없어도 모든 일이 진행될 수 있게 할 수 있다. 시간을 정복할 수 있다. 이제 관습에 대해 의문을 제기하라. 주변의 존재들이 당신에게 가하는 압력을 거부하고, 그들의 긴급한 일이 아니라 당신에게 긴급한 일을 수행하라.

– 롭 무어, 《레버리지》

두 번째, 우선순위

Andy 님께서는 파레토 법칙이라는 말을 들어 보신 적 있으실 거예요.

고객의 20퍼센트가 수익의 80퍼센트를 창출한다.
고객 불만의 80퍼센트가 고객의 20퍼센트에서 발생한다.
가치의 80퍼센트가 노력의 20퍼센트에 의해 달성된다.
버그의 20퍼센트가 고장의 80퍼센트의 원인이 된다.
부의 80퍼센트를 20퍼센트의 사람들이 소유하고 있다.
노동자들의 20퍼센트가 노동의 80퍼센트를 생산한다.

위에 말을 반대로 하면 Andy 님께서 하시는 일의 80퍼센트는 안 해도 된다는 말이기도 합니다. 또 다른 관점으로 보면, 주변에서 요청하는 일의 80퍼센트 또한 크게 중요하지 않은 것일 수도 있다는 것입니다. 그리고 다시 레버리지 관점에서는 Andy 님께서 다른 사람들에게 요청하는 일의 80퍼센트는 중요하지 않은 일일 수도 있다는 것입니다. 그렇기 때문에 더욱더 나의 가치, 나의 비전이 무엇인지 고민하고 내가 내고 싶은 결과를 정해 놓고 일을 해야 하는 것입니다.

레버리지 전략은 올바른 비전, 방향, 행동 계획을 만들어 내기 위해 생각하는 시간이며, 시스템이 당신과 조화를 이루면서 가장 높은 우선순위에 따라 제대로 작동하고 있는지 지속적으로 점검하는 장치다.

– 롭 무어, 《레버리지》

저도 하루 시간을 소비하는 시간 중에 제일 중요한 시간이 오전 6시부터 7시까지 실내 자전거를 타면서 하는 "아침 Plan Time"입니다. 이때, 자전거를 타면서 뇌를 가동시키면서 상상력을 내 봅니다. 오늘 하는 활동을 통해서 내가 이루고 싶은 결과는 무엇인가? 비즈니스, 프로젝트 매니저로서 보통 어떤 프로젝트 잘 완수하기, 어떤 비즈니스 잘 성공시키기 등이 주 내용을 이룹니다. 이 결과를 냈다고 상상하면 슬며시 기분이 좋아집니다. 더도 말고 덜도 말고 딱 3개만 적습니다. 3개 이상이면 제 머릿속에 남지 않기 때문입니다. 이건 저뿐만 아니라 인간이라면 세 가지 이상을 정하면 흐지부지되기 어렵다고 심리학자 분들이 말하곤 하십니다. 이런 예상결과만 세팅하면, 자연스럽게 이 결과를 내기 위해서 어떤 사람이 필요하고 어떤 도움을 어떻게 요청해야 할지부터 생각합니다. 물론 그 예상 결과를 오늘 달성하지 못하는 경우도 많습니다. 하지만 확실한 건 이 Goal을 세팅하고 안 하고에 따라서, 저의 시간과 에너지를 Vision과 Value에 따라 사용되는지가 좌우됩니다.

"신입사원"이라는 마인드를 벗어나서, 여러분들의 비전과 가치를 우선순위로 해서 매니저, 팀원, 동료들을 레버리지 해서 Andy 님께서 달성하고자 하는 결과를 달성하길 바랍니다. 그리고 더 나아가서 Andy 님께서 원하는 가치와 비전을 성취하시면 좋겠네요.

감사합니다.

효율적으로 일을 하고 싶을 때 도움을 주는 추천 도서

- "아웃풋 트레이닝, 가바사와 시온" - 높은 생산성과 효율성을 달성하기 위한 훈련과 전략을 다루는 책입니다.
- "레버리지, 롭 무어" - 리더십을 활용하여 성공을 이루는 전략과 원칙을 제시합니다.
- "그들이 어떻게 해내는지 나는 안다, 크리스 베일리" - 성공한 사람들의 이야기를 통해 성공의 비결을 밝히는 책입니다.
- "피터 드러커 자기경영노트, 피터 드러커" - 개인과 조직의 성장을 위한 경영 원리와 관리 방법을 다루는 책입니다.
- "시간 전쟁, 로라 밴더캠" - 시간 관리와 생산성 향상을 위한 전략과 도구를 소개하는 책입니다.
- "계속하게 만드는 하루관리 습관, 케빈 크루즈" - 매일 반복적으로 시행할 수 있는 습관을 통해 목표를 달성하는 방법을 다루는 책입니다.

"내가 더 멀리 보았다면 이는 거인들의
어깨 위에 올라서 있었기 때문이다."

- 아이작 뉴턴

7

생각이 많을 땐 어떻게 할까요?

7화

안녕하세요. Andy 님.

오늘은 한 고등학교에서 진로강연을 하고 오는 길에 한 카페에서 글을 쓰게 되었습니다. 출장을 끝내고 한창 바쁘게 다시 일을 시작하게 되었습니다.

오늘 이야기하고 싶은 주제는 입사하고 처음 맞이했던 충격적인 일을 들려드리면서 시작하고자 합니다.

"개ㅅㄲ!!" 제가 입사하고 며칠 안 돼서 잘 모르는 협력사 직원분이 저에게 했던 말이었습니다.

제가 입사하자마자 저는 좋지 않은 일로 여러 협력사 대표님, 이사님 분들을 만나게 되는 경우가 많았어요. 그 배경에는 반도체 부족 현상이 있었습니다. 차량 또는 전자제품을 생산하기 위해 필요한 반도체를 제때에 전달할 수 없는 일이 생긴 것이죠. 그러다 감정을 주체하지 못한 담당자분들이 저에게 저런 무례한 말을 한 것이죠. 물론 회사 내부에 압박을 받는 그분 상황을 알고 있었습니다. 저에게 감정적으로 커뮤니케이션을 할 때마다 저는 감정을 최대한 배제하려고 노력했습니다. 그리고 지금 현재 "문제 해결"에 초점을 맞춰서 서로 힘을 합쳐 보자고 메시지를 전달했습니다. 그렇게 일을 하고 나서 집에 돌아오면 스트레스와 많은 생각들이 겹쳐서 목과 머리가 아팠어요.

여러 사람들에게 제가 해결할 수 없는 문제들로 여러 압박을 받으니 저도 모르게 스트레스가 쌓였었나 봐요. 그래서 그렇게 머릿속에 알 수 없는 스트레스와 생각들이 쌓였을 때, 저는 그 스트레스를 노트북을 꺼내서 블로그에 막 적었어요. 저를 힘들게 했던 사람들에게 나쁜 말도 하고 분풀이도 하고 자유롭게 시원하게 다 쏟아 냈죠. 그렇게 다 쏟아 내는 글을 다 쓰고 나서 다시 생각해 봅니다. 그러면 그 상황을 객관적으로 제3자 입장에서 볼 수 있게 되더군요. "다음에는 어떻게 대처를 하고 어떻게 커뮤니케이션을 해야겠다."라고 생각이 정리되곤 하였습니다.

또 요즘같이 회사에서 일이 막 쏟아지게 많을 때는 다시 블로그나 메모지를 켜서 가만히 생각에 잠깁니다. 그리고 머릿속에 있는 것들을 실타래처럼 쭉쭉 뽑아서 글로 적어 봅니다. 누구한테 부탁하기, 개발 끝내기, 미팅 잡기, 어떤 자료 만들기, 요청하기 등등 10개, 20개 다 적어 냅니다. 그 일이 끝나면 다음 필요한 일도 다 생각나는 대로 적어 봅니다. 개인적인 일도 생각나면 다른 페이지에 적어 두고요. 쭉 뽑아낸 다음에는 이제 비슷한 일들끼리 묶어 봅니다. 그 후 우선순위로 나열합니다. 중요하고 시간적으로 우선 해야 하는 것부터 하나씩 하는 것이죠. 머릿속에 엉켜 있던 알 수 없던 뭉치들이 하나씩 하나씩 벽돌로 만들어집니다. 할 일 벽돌들을 중요한 순서대로 쌓아 봅니다. 그 뒤 테트리스 하듯이 하나씩 쌓고 지우고 쌓고 지우는 과정을 하는 느낌으로 일을 시작합니다. 하나씩 차곡차곡 착착. Andy 님께서도 일을 하실 때 정신없는 상황을 많이 마주하게 될 것입니다. 또는 머리가 너무 복잡할 때가 종종 있을 것입니다. 그때마다 한글/워드 파일 또는 흰 종이에다가 머리에 있는 것들을 다 적어 보세요. 마치 저희가 어렸을 때 일기를 쓰듯이 아무 말이나 다 써 보는 것이죠.

●●● 첫 번째, 글을 통한 치유와 정리

앞서 말씀드린 두 가지 일화처럼 저는 글쓰기를 통해서 스스로의 상처를 치유하였습니다. 그리고 글쓰기를 통해서 복잡했던 생각들을 정리하였습니다. Andy 님 또한 일하시면서 인간관계부터 업무까지 여러 생각들이 한꺼번에 엉키는 경험을 하셨을 거예요. 이때 스스로를 보호하고 치유하기 위해서 글을 써 보는 것은 어떠신가요.

기록은 단순합니다. 매일의 나를 남기는 일이죠. 내가 생각하고 겪고 느끼고 만나고 행하는 모든 것을 메모하면 그 메모

에서 자신이 어떤 가치를 중요히 여기는지가 드러납니다. 그것을 정리해 남기는 것이 바로 기록입니다. 기록하면 인생이 심플해집니다. 문제로 여겼던 것이 아무것도 아닌 일이 되고 고민은 쉽게 풀리는 것이죠.

"난쟁이가 거인의 어깨에 올라타면 거인보다 더 멀리 볼 수 있다."

기록도 마찬가지입니다. 비록 지금의 내가 난쟁이일지라도 매일의 기록이 쌓이면 우리는 그 위에서 더 멀리 보고 더 깊이 생각할 수 있습니다. 내가 남긴 기록을 디딤돌 삼아 가장 높은 곳에 선, 거인巨人이 된 자신을 마주할 수 있을 것이죠. 이 책의 제목이 『거인의 노트』인 이유입니다.

– 김익한, 《거인의 노트》

실제 또 다른 사례를 이야기할까 합니다. 실제로 미국의 한 고등학교에서는 자기 삶을 글로 쓰고 삶을 변화시킨 이야기가 있습니다. 캘리포니아 소재 윌슨 고등학교에 다니는 학생들이 그 주인공입니다.

그곳에는 어려운 생활환경에서 자란 흑인, 동양계, 라틴계 등 다양한 인종의 학생들이 모여 있었습니다. 많은 학생들이 세상으로부터 소외받으며 저마다 깊은 상처를 지니고 하루하루를 절망 속에서 살아갑니다. 지역 갱단이 쏜 총에 맞아 동생을 잃거나, 인종차별을 받고, 매일 마약에 찌들어 폭력을 일삼는 아버지 밑에서 자란 아이들이 대부분입니다. 고등학교나마 졸업하면 다행일 아이들은 23세 초임 교사 에린 그루웰을 만나 변화를 맞이합니다. 에린 그루웰 선생님은 그들에게 진심 어린 도움의 손길을 내밉니다. 글쓰기로 삶의 변화를 꾀한 것입니다. 선생님은 학생들에게 좋은 것, 나쁜 것, 과거, 현재, 미래, 떠오르는 단상 등 무엇이든 매일 글을 쓰도록 이끕니다. 글을 쓰는 아이들이 없을 거라는 주변의 우려에도 불구하고 많은 아이들이 자기 삶의 단면을 글로 풀어냅니다. 그리고 자신이 쓴 글을 서로 나눕니다. 그 과정에서 서로를 공감하고 이해하기 시작합니다. 친구와 부모, 자기 마음의 실체를 깨닫기 시작합니다. 그때부터 도저히 변하지 않을 것 같은 아이들이 변하기 시작합니다. 졸업조차 힘든 학교에서 에린 그루웰 제자 150명 전원이 당당히 졸업합니다. 그리고 대학에 진학하죠. 석사 학위를 받은 아이들도 생깁니다. 몇몇 학생들은 선생님이 되어 에린 그루웰처럼 글쓰기를 통한 자기 치유의 수업을 이어 갑니다. 이들의 이야기는 《프리덤 라이터스 다이어리》라는 책으로 엮여 나왔습니다. 〈프리덤 라이터스〉(2007)라는 영화로도 제작되어 많은 이들의 사랑을 받았습니다. 표현하기 싫고 감추고 싶은 자기 삶의 어두움을 글로 표현하면서부터 삶에 밝은 햇살이 비추기 시작한 것입니다.

어떤 내용이라도 말하고 싶으면 말해야 한다. 듣는 사람이 없어도 좋다. 상대가 감당할 수 없는 말이라면 혼잣말이라도 상관없다. 입을 열고 말하기 시작할 때 치유는 시작된다.

– 박미라, 《치유하는 글쓰기》

두 번째, 나를 이해하는 재료

회사 다니면서 Andy 님에게 글쓰기를 추천하는 이유는 또 있습니다. 바로 글을 쓸수록 "나를 이해할 수 있는 재료"가 모이는 것을 느낄 수 있기 때문입니다. 처음에 제가 글을 썼던 시작은 "기록"으로부터 시작되었습니다. "내가 보고, 느끼고, 생각했던 것들을 기록해서 남겨 두자."라는 생각에서 출발하였습니다. 왜냐하면 빠르게 지나가는 "시간"들을 조금 더 의미 있게 지내 보고 싶었기 때문이었어요. 유튜브를 보거나 TV를 보거나 책을 보다가 "좋다." 또는 "기억하고 싶다."라는 생각이 들 때가 종종 있습니다. 그럴 때마다 스마트폰 메모장에 또는 블로그에 "나만 보기"로 해서 저장을 하곤 했습니다.

마치 저희가 여행을 가거나 친구들과 사진을 찍어서 그 순간의 기록을 남기는 것과 비슷한 느낌이었습니다.

그러다가 우연히 "한 달 글쓰기"라는 프로그램에 참가하였습니다. 그 프로그램에서는 매일 아침에 한 가지 질문을 저에게 던져 주었습니다. "만약 당신의 삶이 6개월밖에 남지 않았다면 꼭 해야 할 다섯 가지는 무엇이라고 생각하시나요?", "최근 당신에게 가장 많은 영향을 준 사람은 누구인가요?" 등등. 조금 철학적인 질문들이자 시간을 갖고 생각을 해 봐야 하는 질문들이었습니다. 한 달 동안 모든 질문에 답은 못했지만, 한 달 동안 노트북과 저를 두고 주말이나 저녁에 카페에 가서 곰곰이 생각하면서 글을 써 나갔습니다. 그런데 한 달 후에 제가 쓴 글을 모아서 보니 한 가지 알게 된 사실이 있었습니다. 저는 저를 잘 몰랐다는 것입니다. 제가 누구인지, 무엇을 좋아하는지, 무엇을 싫어하는지, 무엇을 하고 싶어 하는지 등. 글을 통해서 저를 새로 알게 되었습니다. 아마 머릿속 어딘가에는 저에 대한 정보가 머물고 있었을 수도 있죠. 하지만 "글"을 통해서 인지할 수 있었습니다. 저 또한 저에 대해서 잘 모르고 살았던 것이었죠.

●●● 한 달 글쓰기 中 일부

Day 10. 살다 보면 현실에 맞춰 많은 것을 타협하게 돼요. 그럼에도 당신의 삶에서 이것만큼은 포기하고 살지 않겠다는 가장 중요한 가치는 무엇인가요?
음… 포기하고 살지 않겠다는 중요한 가치라… 어렵네요. 그냥 지금 머리에 떠오르는 단어들은 "긍정, 생각, 감사, 건강, 시간, 가족, 배움" 이런 단어들이 떠오르네요. 세상을 살면서 현실과 타협하면서도 지키고 싶은 가치관이라…. "건강한 육체와 정신"이라고 하고 싶네요. 제가 어렸을 때 삶의 환경과 지금 사는 환경은 비슷하면서 조금씩 바뀌어 가고 있고, 다른 나라에 가 보면 제가 정상이라고 생각했던 것들이 비정상이거나 비정상이라고 생각했던 것들이 정상인 경우들이 종종 있었어요.

Day 14. 만약 당신의 삶이 6개월밖에 남지 않았다면 꼭 해야 할 다섯 가지는 무엇이라고 생각하시나요?

좋은 질문이네요. 사실 이 질문에 대한 답변을 담담하게 하기까지 조금 시간이 걸렸습니다. 지금도 계속 고민이 되네요.
그리고 사실 이성적으로 6개월 동안 아래 쓴 대로만 한다면 저 스스로에게도 상을 줘야 할 것 같네요. 슬퍼서 못 할 수도 있을 것 같아서요.

지금 글을 쓰는 날짜가 21년 5월 16일이니 제가 21년도 11월 16일에 죽겠네요.
그래도 다행이네요. 마지막 생일은 죽는다는 것을 알고 보내서. 그리고 죽는 날짜도 알 수 있어서 다행이네요. 미리 준비할 수 있게 해 줘서.

뭔가 6개월이라는 시간을 통해 제가 두려움으로 하지 못했던 것들, 내가 살았던 28년 동안 시간을 정리하고 감사함을 전하는 활동, 남은 사람들에게 도움이 될 만한 활동들을 할 것 같습니다.

그럼 세 가지 중에 첫 번째, 두려움/제약으로 하지 못했던 것들은 무엇이 있을까요?(#하고싶은마지막도전)
가지 못하고, 하지 못하고, 만나지 못했던 것들을 하나씩 해 보고 싶네요. · 남미 잉카 트레킹해 보기 · 네팔 히말라야 트레킹한 뒤 인도 가서 카레 먹기 · 보스턴 마라톤 뛰기

그 누구도 온전히 자기 자신이 되어 본 적이 없건만, 누구나 자기 자신이 되려고 애쓴다. (…) 어떤 이들은 결코 인간이 되지 못하고 개구리나 도마뱀이나 개미로 남아 있다. 어떤 이들은 상체는 인간인데 하체는 물고기다. 하지만 누구나 인간이 되라고 던진 자연의 내던짐이다.

- 헤르만 헤세, 《데미안》

결국 우리의 삶은 각자 자신에게로 이르기 위함입니다. 어떠한 형태의 삶이었든, 무엇을 위한 삶이었든, 결국 마지막에선 '나' 자신을 만나게 될 것입니다. 그때의 '나'에게 부끄럽지 않도록, '나' 자신에게 귀를 기울이고 '나' 자신으로서의 삶을 살아야겠습니다.

- 헤르만 헤세, 《데미안》

데미안 책에 나온 글귀처럼, 저에 대해서 정확히 이해하지 못한 채 인생이 흘러가고 있었습니다. 그런데 기록을 하다 보니, 글을 쓰다 보니 저에 대해서 조금씩 조금씩 이해해 가는 것을 느낄 수 있었습니다. 그리고 시간이 흘러서 제가 기록했던 것들을 모아서 정리를 해 보면 공통점들이 보이더군요. 제가 기록을 했던 것들이 대부분 "사람"에 관한 것이었습니다. 사실 이 책을 쓰게 된 배경에도, 제가 주로 기록했던 생각과 경험들을 모아서 보니 "인간관계"라는 주제가 나온 게 큰 이유였습니다. 만약에 제가 글을 쓰지 않았으면 느낌적으로만 알고 지나갔을 수도 있었을 것입니다. 그런데 틈틈이 메모하고 기록했던 자료들이 모여서 보니 내가 어떤 생각들을 하고 살았는지 볼 수 있던 것이었습니다. 그래서 Andy 님께서도 회사를 다니면서 경험하고 생각했던 것들을 기록을 남겨 보면 어떨까요?

글을 쓰는 것은 자기 자신과 관계를 맺는 일이기도 하다. 글을 통해 자신과 만나는 행위에는 지성과 직관, 상상이 동시에 개입한다. 자신이 어떤 사람인지 정확히 모른다면 어떻게 삶의 방향을 정할 수 있겠는가? 글을 쓴다면 자기 자신을 알고 이해하는 데 훨씬 도움이 될 것이다.

– 임재성, 《삶의 무기가 되는 글쓰기》

● ● ● 세 번째, 과거 - 현재 - 미래를 연결해 주는 도구

Andy 님께서는 혹시 초등학생 때 썼던 일기장 가지고 계신가요? 저는 초등학생 때 아마 어딘가에는 썼을 텐데 어디 두었는지 까먹었습니다. 지금 가지고 있는 것 중에서 오래된 기록장은 20살 때 군대와 대학교에서 쓴 다이어리입니다. 그 다이어리에 있는 메모들을 보면 그때 고민들, 생각들, 노력들을 느낄 수 있습니다. 그리고 어렴풋하게 그때로 시간여행을 갈 수 있죠. 그때 기록 중 한 글귀를 보면 "해외 꼭 가 보자! 영어 공부해야 한다 성근아!", "매일 30분 영어 말하기", "농구 연습하기", "여행 가기" 등이 있습니다. 그런데 신기한 것들은 제가 그때 썼던 글귀들 중에 미래에 꿈꾸는 어떤 모습들을 상상하면서 소망을 담았던 글귀들이 지금에는 현실이 된 것도 많이 있다는 것입니다. 그리고 이 글을 쓰면서 5년 전에 썼던 글을 한번 보게 되었습니다. "해외 마라톤 뛰기, 책 출판하기, 중국어 말하기, 잉카 트레킹 가기" 등을 기록했더군요. 저도 놀랐던 것은 신기하게도 지금 많은 부분 이루어 가고 있다는 것입니다. 만약에 제가 과거에 저런 글귀를 남기지 않았다면 아마 제가 저런 꿈을 꾸었는지도 모르고 지나갔을 수도 있습니다. 다시 한번 제가 썼던 기록을 쭉 이어서 보았습니다. 한 번 기록 남긴 것에 추가로 호기심이 있을 때마다 더 조사해 보고 기록하는 흔적이 있었습니다. 이런 과정을 보니 저희 머릿속에 있는 생각이 글로 세상에 나오게 되는 것이 미래에 많은 영향을 준다는 것을 느낄 수 있었습니다.

생각이 글이 되고 글을 통해 구체화되면서 그다음 구체화된 행동을 자연스럽게 이끌어 내는 과정이 되는 것이죠. [생각하고, 경험하고, 기록하고] 기록하면서 다른 방식으로 [생각하고, 경험하고, 기록하고] 이 방법을 반복하는 것이죠. 이 반복된 과정을 김익한의 책 《거인의 노트》에서는 "성장 메커니즘"이라고 말을 하더군요. 현재 제가 쓰는 글을 통해서 5년 후 미래의 모습을 기록하면서 상상할 수 있습니다. 반대로 5년 후에는 현재 쓰는 글을 보면서 과거의 저를 다시 한번 더 만날 수도 있는 것입니다.

이번에 제가 페루여행을 가서 잉카문명 유적지인 마추픽추라는 곳에 가 보았습니다. 1400년대에 실제 존재했던 문명이지만 기록에 남겨지기 시작한 건 스페인이 페루를 점령한 이후인 16세기부터였습니다. 그곳에 가서 그들이 살았던 유적물들을 보다 보니 문득 든 생각이 하나 있었습니다. "먼 미래에 누군가 내 기록을 본다면 어떨까?" 상상만 해도 뭔가 재미있었습니다. 그리고 예전에 할아버지랑 손잡고 조상들 묘가 있는 선산에 간 적이 있었습니다. 촌수로 계산해 보니 조선 시대 초반인 1600년 대 정도의 묘였습니다. 신기했죠. 그때 또 문득 든 생각이 반대로 "나중에 내 후손 중에 한 명이 내 글을 본다면 어떨까?" 먼 미래가 아니더라도 "내 20대 글을 내 나이 80살 때 보면 어떨까?"라는 생각도 했습니다. 글이라는 게 한번 쓰면 시간에 상관없이 수명 없이 계속 존재하는 영속성을 가지고 있습니다. "글"을 통해서 미래의 누군가와 대화를 할 수 있는 것이죠. Andy 님의 글을 미래의 Andy 님 또는 미래의 누군가가 본다고 상상해 보면 어떨까요? 그래서 글쓰기는 과거와 현재 미래를 연결해 주는 도구인 셈입니다.

오늘은 생각이 많을 때 조금이라도 도움이 되는 글쓰기에 대해서 이야기해 보았습니다.

글쓰기가 Andy 님에게 도움이 되는 도구가 되면 좋겠네요.

감사합니다.

생각이 많을 때 도움을 주는 추천 도서

- "생각정리스킬, 복주환" - 생각을 조직하고 관리하여 창의성과 문제 해결 능력을 향상시키는 방법을 제시하는 책입니다.
- "거인의 노트, 김익한" - 거인들의 생각과 지식을 기록하고 활용하여 성공을 추구하는 방법을 다루는 책입니다.
- "기자의 글쓰기, 박종인" - 글쓰기 기술과 효과적인 커뮤니케이션을 위한 방법론을 다루는 책입니다.
- "치유하는 글쓰기, 박미라" - 글을 통해 감정을 표현하고 치유하는 방법을 제시하며 글쓰기의 효과를 다루는 책입니다.
- "정리하는 뇌, 대니얼 J. 레비틴" - 뇌의 원리와 생각을 정리하고 효과적으로 관리하는 방법을 다루는 책입니다.
- "무기가 되는 스토리, 도널드 밀러" - 이야기를 효과적으로 사용하여 자기 표현과 영향력을 높이는 방법을 다루는 책입니다.
- "책 쓰는 토요일, 이임복" - 책 작성과 글쓰기 과정을 통해 자신의 이야기를 나누는 방법을 제시하는 책입니다.

마지막 짧은 편지

안녕하세요. Andy 님.

오늘은 제주도에서 자전거 여행하다가 글을 쓰게 되었습니다. 지금까지 전해 드렸던 편지들의 메세지를 다 읽어 보셨다니, 대단합니다. 이제는 읽고 느꼈던 것을 실제 인생에서 한 번씩 적용해 보면 좋겠네요.

제가 이 책을 통해서 드리고 싶은 메시지는 하나입니다.

"Andy, 잘하고 있습니다. 그리고 앞으로 더 잘할 것입니다."

사실 저 또한 매일매일이 전투 같을 때가 있고 소풍 같을 때도 있습니다. 매일 아침마다 "잘하고 있다. 더 잘할 것이다." 라고 말해 주곤 합니다. 저도 앞으로 더 성장해야 할 길이 멀어서 함께 가 보시죠.

마지막으로, 이 책을 읽어 주셔서 감사드립니다.

감사합니다, Andy.

참고자료

다카하시 겐타로, *지지 않는 대화*, 라이스메이커, 2016

빅토리아 메드백, *어떻게 설득해야 마음을 움직이는가*, 유노북스, 2021

캔 블랜차드, *Grow*, 세종서적, 2014

마리나, *The Middleman Economy*, Palgrave Macmillan, 2015

김경일, *지혜의 심리학*, 진성북스, 2017

폴커 키츠, *마음의 법칙*, 포레스트북스, 2022

김윤나, *말 그릇*, 카시오페아, 2021

김경덕, *뇌과학으로 경영하라*, 피톤치드, 2021

나이토 요시히토, *시작부터 꼬이던 대화가 심리학을 만나고 술술 풀리기 시작했다*, 빈티지하우스, 2020

세스 스티븐스 다비도위츠, *데이터는 어떻게 인생의 무기가 되는가*, 더퀘스트, 2022

그레이스 로던, *5년 후 당신은*, 알에이치코리아, 2022

헤르만 헤세, *데미안*, 민음사, 2009

최인철, *프레임*, 21세기북스, 2007

존 맥스웰, 짐 도넌, *존 맥스웰의 위대한 영향력*, 비즈니스북스, 2010

스티븐홀, *무엇이 그들을 지혜롭게 했을까*, 리더북스, 2012

김윤나, *말 그릇*, 카세오페아, 2022

김익한, *거인의 노트*, 다산북스, 2023

박미라, *치유하는 글쓰기*, 한겨레출판사, 2008

롭 무어, *레버리지*, 다산북스, 2023

당신을
응원합니다

*이 책은 경기도 갭이어 프로그램의 지원과 협조를 받아 제작되었습니다.